AF258276

Rapport de la Sous-Commission
relative aux Agence et Office de Billets.

8 Novembre 1867.

Sous-Commissaires. MM. Alph. Royer, Adenis et Siraudin
Agents généraux. L. Peragallo et A. Roger.

Depuis deux ans, il s'est créé à Paris des Bureaux dits : Agence des Théâtres Gérant M. Sari. Office des Théâtres, Gérant M. Mondain.

Ces bureaux ont pour but de servir d'intermédiaire aux divers Théâtres de Paris, pour procurer aux acheteurs, sans déplacement, des billets à toute place. Là le prix du billet varie selon la demande et le succès des ouvrages représentés. Plus de tarif normal, les places de théâtres sont d'après un système d'échelle mobile l'objet d'une sorte d'enchère. Le fauteuil coté huit francs sur le tableau de location affiché à la porte du théâtre peut-être vendu plusieurs fois sa valeur comme il peut descendre très au-dessous du prix déclaré à la Préfecture de Police.

Dès l'année dernière, la Commission justement préoccupée de cette recette nouvelle qui se fait en dehors des bureaux reconnus et contrôlés, avait consulté son Conseil judiciaire. Il ne s'agissait alors que d'établir une sorte d'abonnement, de prix moyen qui devait servir de base à la perception de ses droits d'auteur. La question fut posée au Conseil judiciaire dans les termes suivants : « Lorsqu'un « Directeur engagé par son traité a payé aux auteurs un droit « proportionnel vient ensuite à modifier la portée de ses recettes par « des conditions au-dessous du tarif officiel des places de son théâtre, « le droit des auteurs est-il exigible d'après le prix fort des places « ou seulement d'après le produit des concessions ? »

Nous relatons ici la réponse du Conseil Judiciaire.

« Le Conseil pense que, en aucun cas et par aucun moyen les « Directeurs de théâtres ne sont en droit de modifier la portée de « leurs recettes par des concessions au-dessous du tarif officiel des « places de leurs théâtres. »

« Cette solution est fournie par les termes mêmes des ordonnances « sur la police des théâtres. L'article 26 de l'ordonnance du 1er Juillet « 1864 porte entr'autres dispositions que le tarif devra être ostensiblement « indiqué sur les affiches, au bureau du théâtre et dans tous les autres « bureaux qui pourraient être établis comme succursales. De plus cet « article porte qu'une fois annoncé le tarif de chaque représentation ne « pourra être modifié »

« Néanmoins les Directeurs prétendent que s'ils vendent au-« dessous du tarif, c'est qu'ils font des abonnements et qu'ils n'ont pas à « s'occuper de l'usage que fera l'abonné du ou des billets qu'il aura « achetés. Il n'y a rien dans les marchés dont il s'agit qui présente « les caractères connus de l'abonnement, en effet 1° L'abonnement est

« accessible à tout le monde, ici, par l'accaparement, œuvre de la spéculation,
« l'achat des billets est monopolisé — 2° L'abonnement se fait à bureau ouvert ;
« les achats, au contraire se font clandestinement dans le cabinet du
« Directeur 3° L'abonnement véritable est personnel ; les prétendus
« abonnements ne le sont jamais.

« La vérité est que les Agences théâtrales constituent de véritables
« maisons de banque pour les Directeurs de théâtres, que les marchés qui
« s'y accomplissent ont pour but une spéculation au profit des dites
« Agences et au préjudice du public, du droit des pauvres et du droit des
« auteurs, peut-être même au préjudice des Commanditaires des
« Entreprises théâtrales.

« Il est vrai que pour paraître obéir aux ordonnances de police et
« à leurs traités avec la Commission, les Directeurs, peuvent afficher le matin
« un tarif portant le prix de la vente faite aux Agences. Mais un pareil
« tarif n'est qu'une fiction pour masquer la spéculation à laquelle se
« livrent les Directeurs. Il est évident en effet que ceux-ci trouvent, en
« dehors du prix stipulé un avantage qui constitue réellement pour
« eux une recette supplémentaire ; Car on ne comprendrait pas qu'ils
« renonçassent à percevoir directement le prix excédant que touche l'agence. »

« Le Conseil pense donc que ces marchés sont une violation des traités
« passés entre les Directeurs et la Commission. En conséquence, il estime
« que les Droits d'auteurs doivent être perçus d'après le prix fort des places
« C'est à dire, d'après le prix que le public a payé même dans le cas où
« ce prix a été perçu par une agence qui n'est autre chose
« qu'une succursale. »

4.

« Pour obvier à l'avenir à de semblables difficultés, le Conseil
« pense que le moyen le plus sûr serait l'adoption par la Préfecture de Police d'une
« mesure dont l'Administration de l'Opéra a pris l'initiative. Cette
« mesure consiste à considérer les locations comme personnelles, ainsi que
« les abonnements ; les locations comme les abonnements ne pourraient être
« cédées à prix d'argent une fois que l'Administration théâtrale, les
« a consenties. »

« Mais il faut prévoir le cas où la mesure ci-dessus ne serait
« pas prise par la Préfecture de Police. On pourrait alors stipuler dans les
« traités futurs et même introduire dans les traités existants, autant que
« cela serait praticable, une clause analogue.

« On pourrait encore inscrire dans les traités un tarif qui, entre
« les Auteurs et les Directeurs servirait de base à la perception des Droits
« d'Auteurs ; mais seulement comme minimum. On stipulerait dans ce
« cas, que tout bénéfice réalisé sur la vente des billets au delà du tarif,
« soit directement, soit indirectement entrera dans le chiffre de la
« recette et contribuera par conséquent au calcul proportionnel
« du Droit des auteurs. »

D'après cet avis la Commission introduisit dans les traités
nouveaux, une clause ainsi conçue :
« La recette se compose ....
« 4° Du prix de toutes entrées, loges ou stalles louées par abonnement
« Il est bien entendu que tout abonnement est personnel
« Ne seront pas considérées comme abonnement et ne pourront
« figurer dans la recette soit au dessous du tarif minimum qui

« sera joint au présent traité, soit au dessous du tarif supérieur qui
« pourrait remplacer le tarif minimum, les concessions ou ventes
« de billets non personnels, faites par les Directeurs en vertu
« de quelque convention que ce soit.

« Article 21. La part proportionnelle des auteurs, fixée à 7p au
« terme de l'article 19 sera perçu d'après le tarif minimum ci-après
« annexé, quand bien même les Directeurs, par quelque cause que ce
« soit abaisseraient au dessous du tarif le prix des places de leur théâtre.

« Si au contraire, à la faveur d'un succès important, ou pour
« quelque cause que ce soit, les Directeurs jugeaient à propos d'élever
« le prix du tarif minimum la part proportionnelle des Auteurs
« bénéficiera de toutes les éventualités de cette augmentation ; c'est-
« à-dire qu'elle suivra toujours la progression des recettes ascendantes »

Cette clause garantissait les auteurs contre les ventes au rabais
et obligeait les Directeurs à maintenir des tarifs honorables ou à supporter
eux-mêmes les conséquences de traités onéreux.

Mais sur ces entrefaites M. Sari, l'un des Directeurs du
Théâtre de l'Athénée et Gérant de l'agence des Théâtres en discutant
avec la Commission les termes du traité qu'il avait à conclure pour l'exploitation de son théâtre à proposé, comme Gérant de l'agence :

1° L'associer les auteurs aux chances bonnes ou mauvaises
de son exploitation.

2° De soumettre ses livres et sa comptabilité au Contrôle
de vos agents généraux.

3° De dresser tous les jours un état destiné à compléter la feuille de contrôle de chaque théâtre.

Cet état indiquerait les places vendues par l'Agence des Théâtres, le prix des différentes ventes effectuées.

Les droits d'Auteurs prélevés sur le prix réel de la vente soit en hausse, soit en baisse seraient payés directement par les comptables des offices et chaque Directeur de théâtre se trouverait exonéré de tout paiements pour les places ainsi vendues.

D'après les ordres de la Commission, Messieurs Adenis et Siraudin Membres de la Commission, se sont rendus le Lundi 28 Octobre 1867, à 8 heures du soir, accompagnés de Messieurs Peragello et Roger Agents Généraux de la Société, dans les bureaux de l'agence des Théâtres pour examiner le mode de travail et de comptabilité suivi dans cette Administration et pour étudier en commun les formes nouvelles proposées à la Commission par M. Sari, Directeur de l'Agence des Théâtres.

Dans les bureaux de l'agence et de l'office se trouvent les reliefs des théâtres, puis au-dessous un plan figuratif sur lequel sont piquées des épingles représentant les places dont l'agence dispose. Et enfin un tableau indiquant les prix. Ce tableau est mobile et les prix affichés peuvent être changés à toute heure selon le plus ou moins de demandes.

Lorsqu'un acquéreur se présente, et qu'il a fait choix de la place qu'il entend occuper dans un théâtre, un employé lui remet une fiche portant:

La date de la représentation.

Le nom du Théâtre

Le numéro de la loge ou fauteuil;

Le prix de la vente

Cette fiche est présentée à la caisse de l'office et contre le prix convenu il est remis à l'acquéreur un coupon portant

La date de la représentation

Le numéro de la Loge ou du fauteuil

Le timbre de l'agence ou celui de l'office

Il faut bien remarquer que ces coupons ne sont extraits d'aucun registre à souche;

Qu'ils ne portent pas l'attache des administrations théâtrales

Que contrairement à ce qui se fait pour les coupons vendus par le théâtre, ceux qui sont délivrés par l'agence n'indiquent pas le prix pour lequel ils ont été vendus ni le nom de l'acquéreur.

Les recettes effectuées dans la journée sont déposées le soir même à la comptabilité générale de l'agence qui tient un compte ouvert à chaque théâtre suivant la nature du traité passé entre ce dernier et l'agence des billets. L'ensemble de cette comptabilité qui paraît fonctionner d'une manière régulière permet de suivre facilement chaque place, mais ne peut cependant donner les mêmes garanties de contrôle que le dépouillement des cartons tel qu'il se pratique au théâtre même en présence de l'employé de l'Assistance publique;

Les traités faits par les agences avec les théâtres sont de différentes natures.

1° Certains théâtres ont consenti des traités par lesquels ils s'engagent à tenir par chaque représentation, à la disposition de l'agence des places numérotées et désignées dans lesdits traités. Dans ce cas, il est fait de concert avec la Direction, un prix moyen de chaque place et d'après ce prix moyen, augmenté d'une commission que se règle vis-à-vis du Théâtre, l'achat des places convenues.

Ainsi, supposons un théâtre contenant 1800 places et qui a donné en moyenne depuis plusieurs années une recette annuelle de 1,800,000 francs, déduisant de ce chiffre les places inférieures, on arrive à dire que 900 belles places produisent 1,200,000 francs c'est-à-dire que le prix moyen est de 3f 90c par jour. L'Agence achète alors au-dessus de ce prix moyen, soit 4f 50 ou 4 francs. Dans cette combinaison, les places cédées à forfait sont portées sur les feuilles du contrôle du Théâtre au prix moyen arrêté entre le Théâtre et l'agence, c'est en cas de succès une perte notable pour les Auteurs car la place qui figure pour 4 francs d'après cet abonnement, représente 8 francs au prix du tableau de location, et c'est sur ce prix de 8 francs que les auteurs réclament actuellement leur droit proportionnel. Ce prix de huit francs paraît d'après notre examen, très-inférieur au prix réel des transactions faites par les Agences en hausse et baisse.

2° D'autres théâtres empruntent de l'argent aux offices et stipulent que le remboursement de la somme prêtée aura lieu au moyen d'un certain nombre de billets qui sera mis chaque jour à la disposition des offices.

Dans ce cas, les billets ainsi cédés, sont portés sur la feuille du contrôle et le prix de la location est ressorti conformément au tableau officiel du théâtre; mais le bénéfice de revente reste entièrement aux offices.

3° Quelques théâtres donnent aux offices un certain nombre de places à la condition d'être admis aux chances heureuses de la revente, soit en partageant avec les offices la moitié du bénéfice effectué, soit en recevant tant pour cent sur le produit de ces transactions. Les places ainsi vendues par les soins des agences sont alors portées sur les feuilles au prix du tableau de location.

4° Quelques administrations théâtrales se contentent de déposer des billets aux Offices.

Les places vendues sont portées sur les contrôles aux prix des tarifs officiels. Les places non vendues sont restituées aux Administrations théâtrales.

La Sous-Commission et les Agents généraux ont pu constater sur les livres de l'une des Agences que les places vendues par cette sorte d'enchère et suivant la demande du public présentent une recette très considérable en sus du prix de location au théâtre et que les périodes de perte par suite de vente au-dessous des tarifs sont largement compensées par les ventes au-dessus des cours officiels.

Votre Sous-Commission s'est demandée tout d'abord quel intérêt pouvait avoir l'office des théâtres à vous proposer des droits sur ses opérations et à reconnaître ceux de l'Assistance publique, ce qui grèvera ses bénéfices de 21 %.

Nous pensons que les Directeurs de l'office en mettant les auteurs dans leurs intérêts veulent obtenir une sorte de reconnaissance légale de la part de l'autorité, des Auteurs et de l'Assistance publique afin de se créer un monopole et de faire ainsi tomber les bureaux clandestins où se produit aux premières représentations et pendant les grands succès, une spéculation illicite.

Toutefois, les bénéfices réalisés par les agences de billets, représentent un chiffre considérable qui doit selon nous venir augmenter les recettes sur lesquelles vous avez à prélever vos droits et dès lors il convient d'étudier dès à présent dans leur application les conséquences des propositions qui vous ont été soumises.

Il ne s'agit plus seulement de se garantir contre les éventualités d'un prix d'abonnement qui peut descendre selon les embarras des entreprises théâtrales. En face d'un fait nouveau, auquel le public paraît donner toute sa faveur, il faut rechercher jusqu'où peut s'étendre pour les auteurs la revendication du droit proportionnel sur la recette qui est la base de tous leurs traités.

Votre Sous-Commission frappée de certains considérants de la consultation de votre conseil judiciaire rapprochés de l'esprit même de la loi qui règle l'impôt en faveur des indigents, s'est demandé si les auteurs ainsi que l'assistance publique ne sont pas fondés à réclamer légalement leur part proportionnelle sur les bénéfices ou primes effectués sur toutes les ventes ou enchères auxquelles les places de Théâtres auraient pu donner lieu et si tout vendeur, spéculateur ou acheteur de place n'étaient pas solidairement tenus

de faire compte aux auteurs et à l'administration de l'Assistance publique de leur part proportionnelle sur tous les
bénéfices réalisés même en dehors des Théâtres.

En effet, d'une part, la loi relative aux droits des Indigents
déclare que c'est l'acheteur qui veut jouir d'un plaisir tel que Théâtre, bal
concert qui doit verser le dixième de sa dépense à la Caisse de l'assistance
publique. D'autre part votre Conseil judiciaire déclare que aux termes des
ordonnances « Le tarif des Théâtres doit être affiché au bureau du Théâtre et
« dans les autres bureaux qui pourraient être établis comme succursales.

« Que ces agences théâtrales constituent de véritables maisons de
« banque pour les Directeurs des Théâtres, que les marchés qui s'y accom-
« plissent ont pour but une spéculation au profit desdites agences et au
« préjudice du public, du droit des pauvres & du droit des auteurs.

« Qu'il est évident que les Directeurs trouvent en dehors
« des prix stipulés un avantage qui constitue réellement pour eux
« une recette supplémentaire.

« Que les marchés faits par les Directeurs avec les
« agences sont une violation des traités passés entre les Directeurs et la
« Commission, qu'en conséquence, il estime que les droits d'auteurs devront
« être perçus d'après le prix fort des places, c'est-à-dire d'après le prix
« que le public a payé même dans le cas où ce prix a été perçu par
« une agence qui n'est autre chose qu'une succursale. »

La Sous-Commission pense donc que de ces diverses
opinions on peut conclure que la proportionalité doit s'établir, non sur
le tarif fixé à l'avance mais sur le prix réel payé par l'acheteur

prix qui constitue la recette vraie.

Que si jusqu'à ce jour les auteurs, de même, que l'assistance publique, dont les intérêts sont sur ce point identiques, ont négligé de poursuivre l'exercice de leurs droits sur des transactions faites entre particuliers, il n'en faudrait pas conclure qu'aujourd'hui où ces transactions ont pris et tendent à prendre chaque jour un développement considérable par l'entremise d'agences régulières, les auteurs et l'administration des indigents sont sans droit pour réclamer leur part sur des opérations qui ne sont en réalité que la continuation de la recette opérée dans des bureaux que votre Sous-Commission se croit fondée à considérer, avec votre Conseil judiciaire, comme des succursales du bureau de location de chaque théâtre.

Si, comme nous le pensons, l'auteur est fondé à réclamer une part d'intérêt sur toute la recette de la représentation à laquelle, il apporte son œuvre, il faut que tout moyen de contrôle lui soit donné, que toute recette lui soit dénoncée. Le Directeur n'a pas le droit de détourner une partie de la recette en donnant des billets de théâtre comme paiement à des créanciers, fournisseurs ou ouvriers.

Votre Sous-Commission estime d'après ces considérations que la question qu'il convient d'examiner tout d'abord est celle-ci :

Les auteurs peuvent-ils suivre les variations de tarifs qui se font au théâtre ou en dehors des théâtres sur le prix des places?

Et subsidiairement :

Quelle action a-t-on pour contraindre tout acheteur à payer le droit des auteurs et des hospices sur le prix réel de revente officielle ou clandestine ?

En un mot.

L'auteur peut-il exiger sa part d'auteur & poursuivre sa
recette, n'importe où elle se produit au théâtre ou partout ailleurs.

La loi accorde aux auteurs une grande protection, et les
droits réclamés des différents théâtres sont l'objet de dispositions qui
permettent aux auteurs en cas de non-paiement, c'est-à-dire en
cas d'inexécution de traités consentis, de retirer le répertoire
concédé et de frapper ainsi le théâtre d'interdit.

Or, dans la situation nouvelle que créeraient les propositions de Mr Sari, les auteurs ne se trouveraient plus vis-à-vis
du théâtre sur lequel ils ont par la loi un privilège à la condition de
toucher lors de chaque recette ; et dans le cas où l'agence cesserait
ses paiements, les auteurs seraient en présence de débiteurs ordinaires
et les théâtres seraient fondés à continuer leurs représentations., puis-
qu'ils exécuteraient leurs obligations envers l'agence des billets.

M. Sari pour obvier à ces inconvénients nous a proposé :

1° De vous verser un cautionnement.

2° D'introduire dans l'acte qui serait passé avec la commission
un article portant que : Dans le cas où l'une des agences reconnue
aurait manqué à effectuer un seul paiement, les conventions
seraient nulles et non avenues ; que les Directeurs des théâtres
redeviendraient seuls responsables vis-à-vis des auteurs et que
les droits d'auteurs se percevraient à la caisse même des Théâtres
comme par le passé.

La Sous-Commission estime que ces garanties ne sont pas suffisantes et qu'il importe de ne pas déplacer la responsabilité; qu'il conviendrait donc d'arrêter que les paiements des droits dûs aux auteurs pour les billets vendus par l'agence des billets seraient effectués à la caisse des théâtres sur les bordereaux remis par les agences des billets.

On tout au moins qu'en cas de perception faite à l'office les quittances devraient porter.

Reçu du Théâtre de   par les mains de M

M. Sari a encore proposé d'accepter un employé nommé par la Commission, mais payé par lui, pour suivre et contrôler les opérations qui seraient faites par son Agence.

La Sous-Commission pense que ce contrôleur, si sa présence est reconnue indispensable, ne peut être qu'un homme de la société, nommé et rétribué par elle, sous peine de ne pas avoir toute l'indépendance nécessaire.

Nous avons fait remarquer à la Commission que les billets vendus par l'Agence ne portaient pas l'attache des administrations Théâtrales et n'indiquaient pas le prix de la vente et le nom de l'acquéreur.

La Sous-Commission pense qu'il est utile pour le contrôle que le prix de la vente et le nom de l'acquéreur soient ostensiblement portés sur chaque coupon, ainsi que cela se pratique dans les bureaux de location auxquels les billets de chaque théâtre soient extraits d'un registre à souche.

En comparant l'avis de votre Conseil judiciaire avec le droit de l'Assistance publique, votre Sous-Commission croit nécessaire de donner suite aux ouvertures qui lui ont été faites par le Directeur de cette administration, M. Husson, et de s'entendre sur les moyens de faire reconnaître judiciairement notre droit.

Ces diverses propositions appellent l'attention de la Commission sur les traités existants. Pour l'avenir il sera facile d'introduire dans les traités les dispositions qui seront arrêtées, mais pour les traités non expirés, où l'on ne peut introduire d'articles nouveaux, il paraît évident à la Sous-Commission que si le Conseil judiciaire et l'Assistance publique décidaient, conformément à nos prévisions, que les opérations des agences des théâtres constituent des suppléments de recette. Vous devriez dès à présent revendiquer les droits de votre perception aux termes des traités existants et par conséquent obliger tout Directeur ou toute Agence, à faire compte des recettes supplémentaires. Vous seriez donc fondés à contraindre les agences actuelles ou celles qui se créeraient par la suite, à accepter votre contrôle et vous pourriez interdire les opérations de certains intermédiaires avec lesquels votre dignité ne permettrait pas de traiter

Conclusions.

Conclusions

La Sous-Commission conclut :

1° À la communication du présent rapport à tous les membres de la commission et à tous les Membres du Conseil judiciaire.

2° À une réunion prochaine des conseils qui devront vous fixer sur vos droits et sur les moyens d'action.

3° À une entente avec l'administration de l'assistance publique pour la revendication et la réglementation de ces droits.

Le présent rapport et ses conclusions ont été adoptés par la Commission des Auteurs et Compositeurs Dramatiques dans la séance du 8 Novembre 1867.